R.U.T

ÄLVAN SOM VILAR I SPINDELNÄTETS VAGGA

**Berättelser för såväl stora som små barn.
Om R.U.T och hennes äventyr**

© Aila Lundquist 2018
Förlag: BoD – Books on Demand, Stockholm, Sverige
Tryck: BoD – Books on Demand, Norderstedt, Tyskland
ISBN: 978-91-7785-462-3

Innehållsförteckning

Presentation av R.U.T 4

Hur tycker DU att RUT ser ut: 5

RUT och pojken 6

Här kan du rita, skriva, måla och klistra in din bild av RUT och pojken: 8

RUT och Änglavingarna 9

Här kan du rita, skriva, måla och klistra in din bild av RUT och Änglavingarna: 10

RUT och drakäggen 11

Här kan du rita, skriva, måla och klistra in din bild av RUT och drakäggen: 13

RUT i parken 14

Här kan du rita, skriva, måla och klistra in din bild av RUT i parken: 15

RUT och Universums blomma 16

Här kan du rita, skriva, måla och klistra in din bild av RUT och Universums blomma: 17

RUT och Ängeln 18

Här kan du rita, skriva, måla och klistra in din bild av RUT och Ängeln: 19

RUT och solen 20

Här kan du rita, skriva, måla och klistra in din bild av Rut och solen: 21

RUT och draken från Skottland 22

Här kan du rita, skriva, måla och klistra in din bild av RUT och draken från Skottland:.... 24

RUT och flickan med gummistövlarna 25

Här kan du rita, skriva, måla och klistra in din bild av 26

RUT och flickan med gummistövlarna: 26

RUT och björnen 27

Här kan du rita, skriva, måla och klistra in din bild av RUT och björnen: 28

RUT och det heliga trädet 29

Här kan du rita, skriva, måla och klistra in din bild av RUT och det heliga trädet: 30

Roots of Unicorns Tree 31

Här kan du rita, skriva, måla och klistra in din bild av RUT och Roots of Unicorns Tree:. 33

Avslutning 34

Presentation av R.U.T

Det var en skön höstkväll när jag satt hemma i min soffa med levande ljus tända.

Jag satt och pratade med mina änglar, som jag brukar göra. Jag behövde lite hjälp med mina studier och liknande.

Då!! Plötsligt så kom det en älva och satte sig på min vänstra axel. Hon lyste i ett skimmer av grönt och vitt. Älvan var så vacker att jag inte kunde ta mina ögon ifrån henne.

R.U.T, var hennes namn, hörde jag henne säga.

Men jag fick kalla henne för RUT.

Hon bär med sig mycket av det geometriska mönster och kunskapen i sin aura.

Hon är en filosof, med glimten i ögat, som kan spela en hel del spratt med mänskligheten.

Hon håller sig mest i naturen.

Hon umgås en hel del med The Green Man och hjälper till med jordens geometriska mönster.

Men hon kan likväl, hjälpa människor att få inspiration att växa och utvecklas.

Hon hjälper gärna barn i skolarbetet.

Men, se upp för hennes små egenheter och spratt!! Fniss, fniss, hör jag från henne och ser hur hon håller sig för munnen och ler.

Hon är ca. 4-5 cm lång, tippade jag på. 4:78 EXAKT – TACK!! Blev hennes svar.

Ok då, 4,78, log jag tillbaka.

Ibland strör hon vita små pärlor efter sig, eller gnuggar dem mellan sina små fingrar. Det gör när hon tycker det behövs som en extra uppskattning eller som belöning av något slag.

Hon har en doft av liljekonvalj.

(I boken *Växternas språk, 2008 av Solöga*, är budskapet från liljekonvaljen:

" Framtiden bär på lyckan. Allt är bra. Jag är här och nu. Nu börjar en ny tid. Jag tillåter kärlek och glädje fylla mitt liv.)

Hur tycker DU att RUT ser ut:

Rita, måla, skriv, klistra in och använd ditt eget kreativa sinne på de tomma sidorna efter varje kapitel. Ta gärna hjälp av någon vuxen, om du behöver.

RUT och pojken

Det var en gång... och den gången var grusad. Ja verkligen grusad. Gå på den och känn gruset under dina fötter och lyssna!!
Hur hörs det när gruset knastrar under din sko eller under dina fötter?

Tag dig tid att känna efter eller att lyssna.

Hur som helst, på denna grusknastrande stigen sitter en liten ljushårig pojke och är ledsen.
Han sitter på en stubbe och gråter alldeles ensam.
RUT flyger försiktigt fram till honom, men håller sig först på lite avstånd, så han inte direkt ska upptäcka henne.
Hon flyger försiktigt i cirklar runt honom och känner av hans energi.
Hon ser att han har lagt sin ryggsäck vid sidan om sig. Hon kan även se att det finns en mattebok i hans ryggsäck.
Försiktigt, försiktigt flyger hon fram till honom. Och landar på hans ena axel.
Hans gråt stannar upp lite. Vad var det? tänkte han. Jag tyckte att jag såg en älva.
Han tittar runt men ser ingenting. Men han känner av en ovanlig energi och känner sig också lite märkligt lättad och kärleksfull. DÅ!! ser han RUT!
Först blir han jätterädd och hoppar upp från stubben och skriker.
"VEM ÄR DU"?
Men lilla RUT är ganska van vid detta, så hon sitter lugnt kvar och säger:
"Hej! Jag heter RUT och är en älva. Jag såg att du satt på stubben och var ledsen, så jag tänkte, att jag kanske kunde hjälpa dig?"

Då tyckte den lilla pojken att det var ganska roligt att en älva hade satt sig på hans axel.
Han hade aldrig sett en älva förut.

"Men hur ska du kunna hjälpa mig?" undrade då pojken.
"Berätta vad du vill ha hjälp med", sa RUT.

Då berättade pojken, att han hade haft det svårt med sin matteläxa i skolan i dag.
Läraren hade inte haft tid att hjälpa honom, och hans klasskamrater hade börjat reta honom för det. Och då blev ju allt mycket värre.

RUT bad pojken ta upp sin läxa. När han gjorde detta, så tog RUT upp en av sina små pärlor.
Hon gnuggade den försiktigt i sin lilla hand och genast uppstod ett skimrande sken runt pojken där han satt på sin stubbe.
Allt blev med ens så lugnt och fridfullt där ute i naturen. Massor av olika djur blev nyfikna och satte sig tätt intill pojken. Träden viskade till varandra och blommorna vände sina kronblad för att höra allt vad som pojken skulle lära sig.

När han tog upp sin läxa visste han genast vad han skulle göra. Eftersom hans nervositet var borta, så kunde han tro på sig själv och sin egen inre styrka.

Han blev så glad att han började sjunga och RUT dansade en fin älvdans för honom.
Till slut skrattade de båda två och dansade och följde sina hjärtans sång.
RUT och pojken blev riktigt goda vänner.

Så han kom ofta ut till stubben för att göra sina läxor.
Ibland, när det var extra jobbigt i skolan, räckte det att han skickade han en tanke till RUT, så satt hon ute på fönsterblecket i skolsalen och tittade in på honom.
Det räckte för att han skulle bli lugn och glad igen och klara sitt skolarbete så perfekt som han egentligen kunde.

Mer om deras äventyr kanske dyker upp en annan gång…

Här kan du rita, skriva, måla och klistra in din bild av RUT och pojken:

RUT och Änglavingarna

En dag när RUT var ute och flög, flög hon genom en liten trädgård med hus på båda sidor.
Uppe på andra våningen i ett av dessa hus fanns ett fönster med jättefina drakgardiner, och det var där uppe hon kände att en liten flicka bodde.
Hon flög upp och kikade in genom fönstret.

Där satt en liten flicka som liknade en ängel med ljust lockigt hår och lekte med sina gosedjur.
Hon var så upptagen av sin lek att hon inte märkte att någon tittade på henne och följde hennes energier i leken.
Men, det är ju inte heller så vanligt att någon tittar in genom fönstret när man bor på 2.a våningen!
RUT tyckte det var så roligt att titta på hennes lek att hon satte sig på fönsterblecket och följde genom fönsterrutan vad flickan hittade på.

Till slut var det dags för den lilla flickan att lägga sig. Hon sa godnatt till alla sina gosedjur och nattade dem.
Sen kröp hon ner i sin egen säng och hennes mamma kom in och läste en saga och en aftonbön med sin lilla flicka.
Då!! Det var just då som den lilla flickan märkte att något fanns utanför hennes fönster.
Hm, så konstigt tyckte hon, så klart.
Hon gick upp från sin säng och fram till fönstret.
Först såg hon ingenting, men hon kunde känna att där var någon.
Så hon tänkte: Om det finns någon där, vem är du då? Och vad vill du?
Då såg hon ett litet ljus ute på fönsterblecket. Oj! Vem är du, tänkte hon?
Då fick hon se den lilla älvan RUT, som svävade utanför fönstret och vinkade till henne.

Vill du komma in, undrade flickan. Det ville ju RUT.
Och eftersom hon är en älva så behövde flickan inte öppna fönstret, älvor kan hon flyga genom fönsterrutor.
Trots att flickan egentligen skulle sova, så satte de sig på hennes säng och pratade.
Den lilla flickan berättade att ibland tycker hon att det kan vara lite läskigt att somna när det är mörkt i rummet.
Men det kunde ju RUT fixa till henne. Hon har ju alltid sina magiska pärlor med sig. Så hon plockar upp en pärla och la den i sin hand och gnuggade den försiktigt.
Då blev det som små änglavingar, som lyste i ett magiskt glittrande ljus.
Och RUT flög upp och satte dem uppe på gardinstången, så att blev det ett så fint glittrande ljus som lyste hela natten i den lilla flickans rum.
Nu kunde hon sova gott alla nätter.
Det bästa av allt är att det är bara den lilla flickan som kan se de fina änglavingarna och det fina glittrande ljuset. Ingen annan.

Och RUT kommer ofta på besök och leker med henne.

Här kan du rita, skriva, måla och klistra in din bild av RUT och Änglavingarna:

RUT och drakäggen

En dag när RUT och The Green Man hade varit ute i skogen på promenad märkte de att det plötsligt glittrade till inne i en skogsglänta. Givetvis blev de nyfikna på vad det kunde vara.

När de närmade sig stället såg de att det var tre stycken drakägg som lyste i de finaste pärlemorskimmer.

Oj, tänkte de. Varför ligger dessa här? Och var är mamma och pappa drake någonstans?

De följde äggens pärlemorskimmer och fick då syn på en blå drake, som var pappa drake.

Han låg under en buske och vilade lite.

Men han höll koll på de små eller stora äggen, som drakägg är, medan solen värmde dem.

En liten bit därifrån gick mamma drake, som var en grön drake, och samlade in lite örter och annan mat som de senare skulle äta.

Även hon skimrade i pärlemor, precis som hennes ägg.

Drakarna bodde ute i skogsgläntan, det visste RUT och The Green Man.

Men de visste inte att de hade fått tre drakägg.

Denna dagen var det kalas i skogen. Det var en av deras vänner som fyllde år.

Eller, rättare sagt massor av deras vänner eftersom det var en hel myrstack. Så det var ju jättemånga som fyllde år samtidigt.

Och vad ger man då dem i present?

Det var det som pappa drake låg och funderade på när han vilade lite.

Han frågade RUT och The Green Man om lite förslag.

The Green Man frågade träden om de kunde hjälpa till?

RUT flög runt och frågade de olika älvorna om de hade någon idé.

Men ingen visste vad de skulle hitta på att ge till alla myrorna.

Då kom mamma drake på att de kunde ju göra lite saft.

För myror tycker ju om allt som är sött, och saft skulle räcka till dem allihop.

Det tyckte alla var en bra idé. Alla träden gav av sina gåvor som bär, blad och sav. Alla buskar och blommor gav vad de kunde.

Humlor och bin flög runt och hämtade nektar från blommorna.

RUT och alla älvor hjälpte till med vad de kunde.

Mamma drake var ju redan ute och plockade örter.

Sedan var det bara att blanda allt i en stor gryta.

Och alla i skogen hjälpte till.

Så bar de bort den stora grytan till alla myrorna i myrstacken.

Och då blev det fest kan du tro.

Alla drack av den goda saften och var så glada och dansade.

Då märkte både mamma och pappa drake att deras ägg började att kläckas.

Ut kom 3 små drakungar.

En var blå som pappa drake, en var grön som mamma drake och en var glittrande som pärlemorskimmer i alla regnbågens färger.
Så denna dagen blev det extra fest ute i skogen
Och alla var så glada.

Träden böjde sina trädkronor för att välkomna de små drakarna, fåglarna kvittrade en extra fin sång som de välkomnade och alla myrorna bildade en ring runt de små drakarna. För nu hade de ju en gemensam födelsedag.
I hela skogen hörde man ett stort HURR-rop, från alla djur, stenar, örter, gräs, träd, blommor, hav och luft. Ja, allt vad du kan tänka dig.

Detta var en av dagarna med RUT och hennes vänner.

Här kan du rita, skriva, måla och klistra in din bild av RUT och drakäggen:

RUT i parken

Rut älskar att vara ute i parker. Dels för alla barns glada och positiva energier dels för deras uppfinningsrikedom. De testar gärna gränser och klarar av mer än de själva tror, och glada energier blandas med andras glada energier.

Även alla träd, buskar och blommor känner av deras härliga energi och slår ut i sin egen kraft.

Det går ner genom jorden upp i trädstammar, upp i buskar och ut i blommors stjälkar.

Hela parken får ett lyster över sig.

Men ibland kan ju ett barn vara ledset, kanske därför att det måste gå hem.

Då är RUT där med sin magiska pärla och sprider lite änglastoff till det barnet så att det känner sig bekvämt med att gå hem eller var de nu är på väg.

För då vet barnet att en annan gång så kommer det tillbaka för att kunna leka mer.

Här kan du rita, skriva, måla och klistra in din bild av RUT i parken:

15

RUT och Universums blomma

Rut åker ofta ut i Universum för att hjälpa till med att få ner nya blommor till jorden.

Det finns en vit blomma som heter Universums blomma och som är mycket speciell.

När man ser den så bli alla jättesnälla.

Så RUT åker ut till Universum för att träffa dessa blommor.

Hon flyger långt, långt ut i de olika dimensionera.

RUT känner väl till hur det ser ut där ute i Universum för hon har varit där många, många gånger.

Hon kommer nämligen därifrån och vet precis vart hon ska flyga.

Det finns ett jättestort växthus på en annan planet. Det är dit hon flyger.

Där träffar hon de andra älvorna som äger det växthuset.

Som vanligt har RUT alltid med sig sin pärla. Det är med denna som hon samlar in massor av energi från Universums blomma.

RUT:s pärla kan ändra sig i färg. Nu är den lysande vit som om den vore fylld av stjärnstoff, glänsande och glittrande, nästan självlysande.

Fast pärlan bara är liten så är det väldigt mycket kraft i den.

Så RUT tackar sina vänner älvorna för att hon fick massor av energi från blommorna att förmedla nere på jorden.

Med sin pärla i tryggt förvar börjar hon sin resa ner mot jorden igen.

När hon närmar sig jorden ser hon exakt var hon behöver landa.

Men först av allt så släpper hon massor av blomsterenergi till jordens Gyllenenät som omger hela jordklotet.

För det är just där som allt kommer att förvandlas till positiv och snäll energi, till allt och alla på jorden.

Så hon tar upp sin lilla pärla och rullar den mellan sina små fingrar. Då släpps massor av snäll energi ut. Sedan fortsätter hon till jorden och åker runt till olika världsdelar och planterar energifrö från Universums blomma på många olika ställen. För det ska bli många blommor.

Det är bra för det ska bli många blommor på vår jord så att alla människor ska bli jättesnälla både mot varandra, mot djuren och naturen.

Kanske har du själv blivit smittad av en snällblomma från Universum?
Jag tror nog det.

Här kan du rita, skriva, måla och klistra in din bild av RUT och Universums blomma:

RUT och Ängeln

En kväll någonstans i Sverige hörde RUT att ett barn läste sin aftonbön:
" Det går en ängel runt om vårt hus med två förgyllda ljus. Hon bär en bok ut i sin famn.
Nu somnar jag i Jesu namn. Amen."

RUT, hon älskar att lyssna på alla möjliga aftonböner. Så hon följde ljudet av denna speciella
aftonbön. Hon satte sig på fönsterblecket utanför och lyssnade.
När barnet hade läst färdigt pratade barnet med sin ängel om allt som varit under dagen och om
allt som väntade nästa dag.

RUT, som ju är en älva, kan både se och höra genom fönster.
Hon såg hur en stor blå-vit ängel satt vid barnets säng, nere vid fötterna, och lyssnade på barnet
och dess önskningar.
Sedan böjde sig ängeln ner över barnet och tog sin ena vinge och smekte barnet över kinden.
Sen sov det lilla barnet gott hela natten.

Därefter satt RUT och ängeln och pratade på fönsterblecket. Ängeln berättade att många läser
sin aftonbön, men dock inte alla. Men det gör ingenting, för änglarna är ändå med oss alla. Barn
eller vuxen, det spelar ingen roll.
Och ibland, så slår deras önskningar in.
Sedan fortsatte RUT och ängeln till ett annat barn någonstans i Sveriges avlånga land.

Här kan du rita, skriva, måla och klistra in din bild av RUT och Ängeln:

RUT och solen

Under en vandring ute i skogen när jag gick och njöt av allt det underbara som ögat förnimmer såg jag en omkullvält trädstubbe.
Den var så vacker med massor av mossa och blandade blad.
Solen sken genom bladverken från alla lövträd och granar.
Det var då som jag såg RUT ligga och vila i spindelnätets vagga i stubben med den gyllene solen skinande på henne.

Jag satte mig på behörigt avstånd och bara njöt av denna vy.
Och då får jag se hur RUT och solen kommunicerar med varandra genom solstrålarna.
Jag ser hur deras energier cirkulerar in i varandra. Det är deras sätt att kommunicera.

Solen behöver RUT:s hjälp för det har blivit extrem hetta på vissa ställen på jordens yta.
Molnen behöver ge skugga till människor och djur så att det blir svalare. Gärna med lite nederbörd så allt inte blir ökentorka.

Jag ser hur RUT tar in informationen. Och genom solens energiband tar sig RUT upp till solen med sin magiska pärla.
Eftersom RUT är en älva kan hon vara nära solen trots att den är en sådan het planet.

RUT, hon gnuggar sin pärla mellan sina små fingrar.
Och vips så bildas det ett tunt molnlager över de hetaste ställena på jorden.
Värmen blir till en behaglig värme så man kan andas ordentligt.

Eftersom RUT är en väldigt klok älva fortsätter hon att gnugga sin magiska pärla så att det även faller lite regn. För det behövs verkligen både för folket, alla djuren och för växterna så det blir ett behagligt klimat med ett fint ljuvligt regn.

Därefter ser jag hur RUT kommer tillbaka till sin plats i spindelnätets vagga och vilar skönt till nästa uppdrag kallar på henne.

Här kan du rita, skriva, måla och klistra in din bild av Rut och solen:

RUT och draken från Skottland

För länge, länge sedan föddes en drake nere i haven utanför Skottland.

Där nere fanns det massor av hemliga gångar och gamla urtidsdjur som bor där.

Denna lilla drake var ovanligt nyfiken av sig, och när den blev lite större ville han utforska omgivningen lite mer.

Så han simmade ut till de andra grottorna och gångarna.

Han tyckte att det var så spännande. Han simmade och simmade, långt ifrån sin egen grotta.

Så upptäckte han plötsligt en ljusare grotta. Vad är detta, tänkte han?

Det måste ju utforskas.

Givetvis simmade han dit.

Men det han inte visste var att där fanns undervattensströmmar nere på havets botten. Och dessa undervattensströmmar tog med sig den lille nyfikna draken långt, långt bort.

Han kom upp på en sandstrand i ett annat land.

Det var första gången han var över vattenytan och han tyckte att detta var jättekonstigt. Han visste ju vad sand var, men denna sanden var torr och inte alls som nere i havet som han var van vid.

Men som sagt, den lille draken var nyfiken och gillade att utforska dessa nya marker även om det tog ett litet tag för honom att vänja sig vid allt.

Solen höll honom torr och varm och så fanns skogen som gav skugga och klippor som var spännande att vara på. Det hade han ju aldrig heller sett.

Inne i skogen hittade han mat så han slapp vara hungrig, och han tyckte att det var ganska mysigt.

Men efter ett tag började han känna sig lite ensam. Där fanns ju ingen som var lik honom, som han kunde leka och busa med.

Så en dag började han ge lite drak-ljud ifrån sig. Ungefär som när en människa är lite ledsen och gråter.

Det hörde ju RUT. Hon hade förstås sett honom innan också. Faktiskt så såg hon när han kom upp på land.

Klok som RUT är så flög hon bort till honom och satte sig på en sten inne i skogen, en bit bort ifrån honom.

Hon sa ingenting utan väntade tålmodigt på att han skulle upptäcka henne.

Och det gjorde han efter en liten stund.

Vem är du, frågade han med stora förvånade ögon.

Jag är en älva som heter RUT, svarade RUT.

Vem är du själv då, undrade hon tillbaka.

Jag är en drake från Skottland, svarade då draken.

Jaha, sa RUT. Men hur har du kommit hit då, undrade hon.

Jo, jag var utanför min grotta nere i havet och ville utforska lite för jag är så nyfiken, svarade draken. Då kom jag för långt ifrån min egen grotta och där var så starka undervattensströmmar, så jag bara virvlade runt med dem. Och det var ganska kul ska du veta, sa draken till RUT.

Men nu tycker jag inte att det är så kul längre. Jag tycker faktiskt att det är lite konstigt här.

Jaha, sa RUT. Då får vi se till att du kommer hem igen, svarade hon.

Men hur gör vi då, undrade draken.

Jag ska hjälpa dig, sa RUT.

Vet du inte om att du kan flyga?

Nej, sa draken. För det hade han aldrig gjort.

Han hade ju alltid bara varit nere i vattnet.

Men, du är en speciell drake svarade RUT honom då.

Är jag, undrade han. På vilket sätt då?

Jo, för att jag ser att du har vingar som håller på att utvecklas, svarade RUT honom. Det är inte många drakar som är både luft och vattendrakar. Men du är en av dem.

Så, om du vill ha min hjälp så hjälper jag dig gärna.

JA TACK, svarade draken ivrigt och ville givetvis veta ALLT på en gång.

Så han fick börja med att gå på stranden, fram och tillbaka och känna av sina vingar.

Han började känna så smått att det faktiskt fanns något där. Och efter några dagar så kunde han till och med börja flaxa lite med dem.

Efter ytterligare några dagar så lärde RUT honom att klättra upp på de stora klipporna och försiktigt, försiktigt använda vingarna när han skulle hoppa ner.

Efterhand så kunde han stå på klipporna och flyga ner på stranden.

Men det var inte så lätt alla gånger.

RUT, hon har ju sina magiska pärlor som du vet. Så hon rullade en pärla mellan sina små fingrar och plötsligt så kom det ett vitt änglastoff och lade sig över drakens vingar. Då kunde han flyga hur högt som helst och hur långt som helst.

Han gjorde en lång och hög flygning, högt över havet och RUT satt tryggt på hans rygg och berättade för honom var han var och hur han skulle ta sig hem igen.

På kvällen bestämmer de att nästa dag ska han flyga hem igen.

Han får några kråkor till hjälp så att han flyger åt rätt håll. Sedan kommer han att känna igen sig berättar RUT. Då kan han bara dyka ner i sitt vattnet igen. Då blir det inga problem att hitta hem.

Eftersom dessa drakar är speciella kommer han med all säkerhet att ha många spännande äventyr.

Kanske får du läsa om det en annan gång, vem vet?

Men just nu är draken hemma igen.

Snipp, snapp, snut, så var denna berättelsen slut.

Här kan du rita, skriva, måla och klistra in din bild av RUT och draken från Skottland:

24

RUT och flickan med gummistövlarna

Det var en riktigt regnig dag och en liten flicka var ute i små tygskor. Visserligen var det en varm sommardag men flickan blev ändå blöt om sina fötter.

Fast egentligen gjorde det inte henne något för hon hoppade i de allra största vattenpölar som hon kunde hitta så det stänkte vida omkring.

Men flickan bara log och hade så roligt med allt vatten.

Detta såg RUT. Hon följde flickans lek hela tiden och såg glädjen i flickans ögon.

Hon var ett med vattenelementet.

Då kom flickans mamma med ett par gummistövlar till flickan. Men hon ville inte ha dem på sig. Hon ville känna vattnet mellan sina tår.

Men eftersom hon inte ville göra sin mamma ledsen så tog hon på sig sina gummistövlar och gick runt huset på andra sidan.

Där tog han av sig dem igen och fortsatte sin vattenlek.

Det varken flickan eller hennes mamma visste om var att i vattnet fanns speciella vattenenergier som var väldigt bra för flickan och för en massa andra folk också så klart.

För med regnet som ju kommer uppifrån Universum/himlen följer energier. Där uppe bor också andra folk och de vill gärna ha mer kontakt med oss här nere på jorden.

Så med deras vattenenergier finns något som gör att vi blir lättare i sinnet och kan fånga upp glimtar av deras liv.

Det var just vad som hände med den lilla flickan. Ju mer hon hoppade i vattnet, ju mer färger såg hon.

Till sist såg hon hela regnbågen och där på regnbågsbron såg hon massor av små änglar som lekte med henne.

Och så klart ville hon leka med dem.

Då kunde inte RUT motstå frestelsen längre att bara stå och titta på, så hon fick också vara med i leken.

Med sin magiska pärla gjorde hon ett stort skimrande hav att plaska i istället för bara en vattenpöl. Både för flickan, RUT och deras nya vänner, Regnbågsänglarna.

När flickans mamma fick se allt detta bara log hon och kände en stor glädje i sitt hjärta.

Så hon lät flickan plaska barfota så länge hon ville.

**Här kan du rita, skriva, måla och klistra in din bild av
RUT och flickan med gummistövlarna:**

26

RUT och björnen

En dag svävade RUT runt i skogen.
Hon hade just inget att göra den dagen, utan bara svävade runt.
Då fick hon se en liten björnunge som försökte plocka bär från buskarna. Men det gick just inget bra för den lille björnen.
För buskarna ville inte böja sig neråt och stanna kvar där, så att den lilla björnen skulle kunna plocka bären.
Hur han än bar sig åt, så "swish" åkte grenarna upp igen.
Stackars lille björnungen, han visste inte hur han skulle göra.

Detta såg RUT. Hrmmm… hur ska jag bäst kunna hjälpa den lilla björnen, tänkte RUT.
Jag måste ju tala med buskarna. Så hon svävade runt till buskarna utan att björnen såg henne.
Och frågade då busken. Varför gör du så att björnen inte kan plocka av dina bär?
Då svarade busken RUT att han kommer att få jätteont i sin mage. För att dessa bären är till för andra djur här i skogen. Det är därför som jag gör allt som jag kan för att hindra björnen att äta av mina bär.

Jaha, ok, svarade RUT. Det var ju jättebra och snällt av dig. Att föröka skydda björnen från att få ont i sin mage.

Eftersom inte busken kunde prata med björnen så såg RUT till att björnen såg henne i stället.
Så kunde hon berätta för björnen varför busken var så busig.
Sen visade buskarna var björnen kunde få goda och fina bär som var bra för björnar. De bären var även bra för älvor.
Så RUT och björnen satt och mumsade på goda bär en lång stund.
Faktiskt så länge att solen höll på att gå ner och både björnen och RUT skulle hem.

Mätta i magen och belåtna med dagen sa de hej till varandra och gick på varsitt håll.

Här kan du rita, skriva, måla och klistra in din bild av RUT och björnen:

28

RUT och det heliga trädet

En vacker höstdag när RUT var ute och svävade fick hon se ett ensamt träd utan krona och löv. Trädet såg gammalt och dött ut.

Men RUT satte sig på en bar gren och bara kände in. Hon kunde känna trädets heliga energi trots att det var jättegammalt och torrt. Hon kände trädets energi som vibrerade starkt och tålmodigt hela tiden.

Hon följde energin ner genom rotsystemet, långt ner till Moder Jord. Det var en kraftfull pumpande energi som steg upp till toppen av det kala trädet.

Det var där som RUT satt och kände in.

Trädet stod högt upp på en kulle alldeles ensamt och med det kraftfulla havet långt där nere.

RUT, hon kunde ju både se och höra vad trädet tänkte och hur det kommunicerade med luften.

Vi, folket, behöver visa mer kärlek och respekt till varandra och även till alla djur. För om man tänker kärleksfulla tankar och gör kärleksfulla handlingar sprider det sig till Universum och kommer tillbaka med dubbel styrka.

RUT sitter där uppe på trädet och tänker på jordens befolkning med kärlek. Då börjar hennes magiska pärla lysa i ren stark rosa färg. Det är kärlekens färg. Vitt från Fader Himmel och rött från Moder Jord. Det blandas i vårt hjärta och blir rosa.

All denna rosa kärleksenergi spred sig långt ner till Moder Jords innersta kärna och långt ut till Vintergatan som bildade en skyddande kärleksfull cirkel runt hela vår jord.

Och mycket av det var tack vare det heliga trädets väktarens energier som fortfarande fanns kvar i det gamla trädet.

Det är en sådan kraft och styrka i detta så det sätter igång energierna långt nere i rotsystemet genom Moder Jord och ut i rymden.

Efter en stund, när RUT suttit och skickat kärleksenergier och talat med trädets heliga väktare föll små guldkorn från Universum. Som tack för all kraft och kärlek.

Och dessa guldkorn är helig energi från vår Vintergata och några dolda planeter.

Nu blir det mycket lättare, renare och mer kärleksfulla energier på vår jord.

Och RUT fortsatte sin färd mot okänt mål och fortsätter att strö sin magiska pärlas energier.

Här kan du rita, skriva, måla och klistra in din bild av RUT och det heliga trädet:

Roots of Unicorns Tree

Det är det som RUT:s namn betyder.

Avslutningsvis ska ni få veta var RUT:s namn kommer ifrån.
Som ni säkert förstår är det ett alldeles speciellt träd som RUT har fått sitt namn ifrån.
Det har med hennes föräldrar att göra långt, långt tillbaka i tiden på Irland.
För det är där som detta speciella träd växer.
I den magiska skogen.

Förr i tiden var det mycket vanligare att folk såg alla älvor, änglar och en massa andra varelser som fortfarande finns i våra världar.
Där fanns många enhörningar, kentaurer, drakar och mycket mer.

Men just i detta speciella enhörningsträd, där nere i rötterna, var det som den verkliga magin hände. Det var här man kom i kontakt med många olika dimensioner.
En del rötter gick så långt ner i Moder Jord att det öppnades en helt ny värld där nere. Och det var därifrån man kunde fortsätta ut till de olika planeterna och universum. Men det var så klart inte många som visste det.
Det var därför som RUT fick sitt namn R.U.T

Och all magi finns fortfarande kvar om man bara vill se den.

RUT:s pärla kommer från ett hemligt ställe. Långt, långt ner i rötterna från detta träd.
Det bästa med denna pärla är att det är bara RUT som har de magiska fingrarna just till denna pärla så hon kan förändra energierna till det bästa.

Du kanske hittar DIN pärla som kan förändra världen för dig?
För det finns en pärla till varje människa. Visst är det bra?
RUT:s förfäder hade ju också sina pärlor som de gick in och hjälpte världen, människorna och djuren med. För alla behöver hjälp ibland.
Det var därför som RUT också fick sin pärla, för att alla måste hjälpas åt.

I enhörningens träd, där är det alltid magi.
Uppe i trädkronan lyser ett skimrande ljus i regnbågens färger. Här finns även en bro över till en massa änglar och deras änglavärldar.
Det är bara att klättra upp och sätta sig på en gren så kommer man in i magin.
Du kan alltid kalla på änglarna så kommer de och sätter sig vid sidan om dig och pratar en stund eller svarar på dina frågor, om du har några.
Där finns även en massa frukter som inte finns på vår jord. Det är bara att ta och plocka och äta så mycket man vill.
För det växer ut nya hela tiden.
Inne i trädet, där finns det en rutschkana som alla får åka på.
Barn eller vuxen det spelar ingen roll.

Man kan åka ända ner till slutet eller hoppa av på vägen. Det bestämmer du själv.
Var du än hoppar av så finns det något att undersöka.
Det är bara din kreativitet som sätter stopp.

RUT är alltid där för dig och hjälper dig. Så du behöver aldrig vara rädd.
Och allra längst ner i Moder Jord finns olika dörrar för att komma ut till de olika dimensionerna och deras äventyr.
Men det får du utforska själv.

Det var detta om R:U:T, hennes namn och hennes liv.

Nu önskar jag Dig lycka till i ditt spännande kreativa liv.

Snipp, snapp, snut.
Så var denna saga slut.

Här kan du rita, skriva, måla och klistra in din bild av RUT och Roots of Unicorns Tree:

33

Avslutning

Först av allt, vill jag tacka Dig som har köpt min bok.
Det gläder mig väldigt mycket att ha fått dela med mig om RUT och hennes underbara värld, som vi människor inte vet så mycket om.
Hon har följt mig under några år och visar mig fortfarande bilder och äventyr.

Jag har alltid haft gåvan att få titta in i andra världar med älvor, änglar, drakar och många andra dimensioner. Jag lekte med änglar och älvor redan som barn och såg även avlidna släktingar och djur. Jag trodde att alla såg samma saker som jag, men jag förstod senare att så var det inte. Jag försökte under många år att förtränga alla mina bilder, men det gick inte. Nu är detta mitt liv.
Om du bara vågar öppna dina ögon och TRO på det du ser, så kommer troligtvis du också att uppleva en massa underbara saker. Vem vet, kanske kommer det en älva eller något liknande att presentera sig för dig också? Vem vet?

Så jag säger tack alla ni runt mig som inte alla ser, men som öppnar era världar för mig.

Tack till Richard Jenders för ännu ett underbart foto, som jag har till försättsbladet.

Tack till Caroline Bibi Nilsen för profilbild.

Tack till Lariella Antonsdotter för all hjälp och stöd som du ger mig.

JAG ÄR EVIGT TACKSAM.
Mitt hjärta öppnar sig och jag omfamnar Er alla.
Gå med kärlek och glädje i Ert hjärta.

Aila

Tidigare böcker av Aila Lundquist:

Meditationer från Ailas värld (2015).

Joni Järvi-Laturi

Enkeli

Kustantaja: BoD – Books on Demand, Helsinki, Suomi
Valmistaja: BoD – Books on Demand, Norderstedt, Saksa
ISBN: 978-952-80-6752-8

Sisällysluettelo

I
Sade
Kävin äsken Helsingissä
Suojatie
Myöhäisillan reunalla

II
Lapsenomainen ilo asioista
2005
Kaupungin yö
Amerikkalainen ystävä

III
Oodi kansainvälisyydelle
Tuutulaulu
Alkemisti

IV
Oodi jääkiekolle
Taivas, osa 2
Rakkauselämää
Vihreät miehet

V
Runo Sirjasta
Taivas
Kuolleet naiset
Rovio

I

Sade

Sade irtoaa lehdestä,
niinkuin kuusi vuotta sitten
kun sinut menetin,
ja kaksikymmentä vuotta sitten
kun en tuntenut sinua,
metsän peikkotyttöä
kun olit hauras ja viaton
Helsinkiä matkaava pikkutyttö
ja parvekettasi,
josta nousit ja tiputit
aikuisena
tupakantumpin sinne
satujen metsään.

Vuodet satumetsää,
vaikkakin kerrostalonasunnon bileissä
ja parveketta
täynnä nuoria ihmisiä,
syksyt lehtiä,
joita hippiystäväsi ja sinä
jouduitte haravoimaan
keltaisesta talosta.

Unelma kommuunista,
keskellä myöhäisiltaa
bussilla keskustaan
bilettämään
yöt itsemurhaa
ja yöt bensiinin legendaa.

Kaipaus valtamerta
kaipaan sinua,
olit vitun kaunis
parantolatyttö,
kauneutesi graffitia
kangasta,
loputonta käsittämätöntä,
vuodet kanssasi
heroiinia
ilman huumetta.

Kävin äsken Helsingissä

Lasagne hyvää, terassit aurinkoisia.
Kaiken olen jo kokenut paitsi suuren rakkauden.
Kaupunki täynnä työn ratasta.

Junissa on kiva miettiä pysähtymistä,
Paikkaa jossa saa vaipua ajatuksiin,
Katsella ulkopuolelle ikkunasta,
Mustaihoiset junasiivoojat lepäävät hetken raiteella roskalaatikon päällä.
Varusmies kävelee junaa kohti joka vie takaisin kasarmiin.
Miettiä uutisia, koko hektistä hyvinvointipalloa.
Välimatkoja, välipaikkoja, välinurkkia, välipaloja.
Ajattelen arvokasta kuolemaa sairaalan neljännessätoista kerroksessa.
Surua, kauhua, ahdistusta jota me kaikki välillä koemme.
Kadunlakaisijaa, metron kolinaa Kalasatamassa.
Varjoja, huoneita, pölyjä.

Miehen halu olla naisen sisällä, turvassa kaikelta.
Ihanan naisen puhe jota kuunnellessa sulkee silmänsä ja uneksii.
Taksin navigaattori on suuri kun festivaali toi ruuhkan Tampereelle.

Me elämme massiivisessa hyvinvointipallossa jota edesautetaan hitonmoisella
määrällä työtä jotta voimme samalla elää hitonmoisessa määrässä hyvinvointia.

Suojatie

"Asiat ovat nykyään niin suuria
Ettemme pysty kuin ihmettelemään niitä."

Katson ruotsalaisia lumessa. Illalla. Pimeässä.
Vanhoja, viisaita ruotsalaisia.
He ihailevat revontulia.
Ojan lumessa on tosi pimeätä.
He tarkkailevat ilveksiä.

Kulttuuri kukoistaa.
Elokuvasivustolta opin että koko ajan ilmestyy uusia ajankuvia.
Marilynia, trilleriä, kauhua.
Isot, billboard-julisteet saavat minut odottamaan.
Tummanvihreää efektitulvaa.
Kaipaan Bergmania, hiljaisia rannikkoja, tuulta.
Mutta nykyaikana on mihin paeta, tummaa tai blondia.
Tuodaan elokuva uudelle vuosikymmenelle.
Minulla on teoria nykyelokuvasta.
Se on vahvaa ja lakonista. Kuin kahvi tai yö. Tai talvi.
Mutta miten se muuttuu.
Iso auto, rekka.

Ajaa ohitseni kun olen tupakalla.
Muistuttaa turvasta vaaran jälkeen.
Tennistä, biljardia.
Lyödä palloja kuin palleja.
Amerikkalaisesti äännettynä.
Saatananmoisia iskuja.
Jossain sitäkin harrastetaan.
Ei pelkästään elokuvateatterin ruudulla.

Arki luotettavaa, se kiertää, ihmiset kiertää, asiat edistyy, kahvit keitetään ja ruoat
napostellaan catering-ruokalassa kuin isot miehet, nälkiintyneet äitien poikien masut.
Arki, asiat tehdään yhdessä ja ne edistyy. Arki on levitelty eri puolille kaupunkia.
Ihania ihmisiä.

Tummaa runoutta.
Mökkipöydän äärellä.
Korttipelejä ja trivial pursuitia.
Kuumaa kahvia ja kaakaota.

Minä olen viimeiset kolme päivää katsonut 1960-luvun amerikkalaisia
tupakkamainoksia.
Askeissa ei saisi olla varoituksia.
Ne rumentavat tavan.
Mietin missä on meidän suuret filosofit, ajattelijat ja taiteilijat.
Televisiossa pyörii kuusi ruokaohjelmaa samaan aikaan.
Ehkä emme aina tarvitse muuta.
Ihmiset ovat onnellisia.
Tämä kaikille.

Myöhäisillan reunalla

(Late Night with Conan O'Brien)

Kaipaan sitä ohjelmaa.

Kaipaan sitä huumoria, kaipaan sen talk show'n viattomuutta. Sellaista ei enää ole olemassa.

Nykyään jenkkien talk show't on pilattu politiikalla ja liialla todellisuudella.

Se koko studio jäi mieleeni sopukkana. Tummansininen studio, jonka reunalla oli New Yorkin tähtitaivas. Illat jolloin joka jakso oli kuin turvaisa musta huone.

Kaipaan niitä huoneita, niitä kymmeniä ja kymmeniä huoneita, jotka olivat ikään kuin piilossa yleisöltä. Niissä työskentelivät ohjelman tekniset tiimit, sihteerit, kirjoittajat kaukana studiosta, jonka takana ne olivat. Ihan kuin teatterissa.

Ohjelma on vanhentunut mahtavasti, muistan kun ohjelmassa oli uutisia hurrikaaneista ja sähkökatkoksista ja siinä näkyi kartta ja se kartta on vanhentunut kauniisti.

Kaipaan niitä luomisvoimaisia sketsejä, niiden aiheilla ei ollut rajoja ja niissä oli omaa amatöörin viatonta charmia.

Ohjelma on vanhentunut niin kauniisti että se näyttää 2000-luvun kauneuden.

Koko ajan tuntuu että tällaisia kauniita, viattomia asioita on vähemmän ja vähemmän.

II

Lapsenomainen ilo asioista

Näen monet asiat esteettisesti.

Ajattelen miten paljon kaikkea on ja sen kauneutta - kaikkea kasveja, eläimiä,
hedelmiä ja maita - miten haluan juoda sen kaiken moninaisuuden. Maiden liput ovat
kiinnostavia ja moninaisia. Ja luonto vakuuttaa monimuotoisuudellaan.

Värit. Kun ostin ruskean sytkärin, tuotteen uutuus ja ruskea väri piristi mieltäni
monta päivää. Ajattelen usein miten joka värillä on oma persoonansa. Värit eivät
myös ole pelkästään värejä vaan ne ovat eri muodoissa erilaisia. Värit ovat myös
erilaisia suhteissa muihin väreihin esimerkiksi Ruotsin lipun keltainen on erilainen
keltainen kuin Ukrainan lipun keltainen.

Luontoa ajatellessani ajattelen metsätarinoiden ja metsälaulujen ikuista paljoutta
suuren nuotion ja suuren yön äärellä. Ajattelen myös automatkaa takaisin kaupunkiin
sen jälkeen kun on ollut kolme päivää haisevalla leirintäalueella - luonnon ja
kaupungin kaunis etäisyys, jonka keskellä on järvi tai lampi.

Joskus kun menen aamulla Tampereen keskustan ostoskeskukseen minulle tulee
lapsenomainen tunne siitä että olen agentti leffassa. Ja kun kävelen syvälle
ostoskeskuksen käytävään kohti miesten vessaa niin vessan oven sisällä minulle
syntyy salamyhkäinen, piiloutuva tunne.

Ajattelen kaikkia maailman viskejä, rommeja, tequiloja, viinejä ja votkapulloja.
Mieleni piristyy myös eri siidereistä ja oluista. Vaikken pidä alkoholin mausta niin
ajattelen joskus ostavani kaikki alkoholituotteet mitä maailmasta löytyy. Mutten tee
sitä. Alkoholipullojen eri etiketit ovat kiehtovan erilaisia ja niitä on tosi paljon.
Tyydyn kuitenkin coca colaan - jumalten nektariiniin - sekä mehuihin ja veteen.

Kun luen Wikipediaa englanniksi mietin usein kuuluisien bändien diskografiaa.
Heidän ura on usein jaettu eri kausiin ja diskografiassa levyjä on paljon ja joka
albumista löytyy paljon kiinnostavaa tietoa. Bändit edustavat minulle kukoistusten
lähteitä joiden tuotannosta tiedän liian vähän ja jota ymmärrän liian vähän. Mutta
yritän jotenkin kuunnella myös musiikkia jota en ole ennen kuullut.

Kaikkein suurimmat iloni liittyvät kuitenkin ihmisiin. Kun saan olla oma itseni. Ja
silloin kun minut on ymmärretty ja minua tarvitaan niin tunnen että koko maailma on
puolellani.

2005

Ennen kaikkea oli niin helsinkiläinen asunto,
jossa kilpailijat viettivät aikaa
niin kylpyhuoneessa, keittiössä, makuuhuoneessa kuin verannalla.

Emme olleet käyneet vielä mökillä
kuin vasta vuonna 2008 tähän vuoteen 2022 saakka.

Tietoisuuteni oli miniskuuli mato
verrattuna kaikkeen siihen miten tajuntani räjähti tuhansissa paikoissa kaiken sen
jälkeen, jälkeen 2005.

Ennen Liisaa, ennen Maria, ennen Sirjaa, ennen Merjaa.

Nyt haluaisin palata sinne vuoteen 2005
ja olla jossakin kylpyhuoneen nurkassa,
ihan vain olla ja aistia elämää ennen suurta nuoruuden vuoristorataa ja
maailmanpyörää.

Tai lukea jostain tamperelaisen gallerian vieraskirjasta miten tykkäsin olla siellä,
ennen 2010-luvun Tampere-kokemusta - runollinen, boheemi, haiseva
farkkujenlanka, joka seurasi minua läpi vuosikymmenen harmaita rotvalleja ja
betonipörsiä.

Ennen niin monen traagista kuolemaa, ennen uusia ihmisuhdekudelmia, ennen 17
penkkaria, ennen 17 lakin heittämistä ilmaan, silloin kun olimme niin laihoja ja
erinäköisiä kuin nyt.

Ja kun ajattelen vuotta 2005 ja sitä helsinkiläistä asuntoa niin siellä oli paljon
paikkoja ja hetkiä, jaksoja tehtiin monia kymmeniä. Outo, traaginen Helsinki-tunne.

Huoneet ovat uusitut ja rakennukset korjattu, raivattu. Monet huoneet ovat yhä siellä,
esimerkiksi seitsemännen kerroksen pehmustettu terapiahuone Kauppakadulla.

Siellä se kaikki yhä on, muistojen mystiikka. Mieli muistaa elämän esteettisesti ja
sumu tekee asioista kauniita.

Kaupungin yö

Kaupungin yö, johdanto Amerikkaan,
yö, jolloin ihmiset nukkuvat,
yö, jolloin keskustan läpi kulkee rekka,
ja se on täynnä isoja pommeja.

Yö, josta syntyy kirjallisuutta,
vastavoima terveille aamulle ja päivälle,
teollisuus, business, salakeikat, yölinjat,
yö, josta syntyy happokirjoitusta.

Sotateollinen kompleksi,
huumeiden vastainen sota,
Chilen ja Venezuelan puuköynnökset,
tulli joka vastaa rajavalvonnasta,
salkut täynnä kokaiinia ja metaa,
Las Vegasin show-bisnes, rulettimatkat.

Yö, josta syntyy kirjastollinen tekstiä,
aavikolla tapaavat kaksi vakavaa miestä,
toinen on valtavirta, omistaja, Iso Herra,
toinen haluaa kirjoittaa paljastaen hänen epäkohtia.

Ikuiselta tuntuva vastakohta,
kovakätinen rikas vastaan runoilija,
pommien puolustaja vastaan hyökkäävä kyyhkynen,
ajaa joku läpi kaupungin illalla,
kohti baareja joiden oluet vaahtoavat dopamiiniaaltoa,
ja niiden asiakkaat kantavat aseita.

Huutojen yö, psykoottinen yö,
lihateollisuuden sumut,
kaikkien asioiden sumut, verhot,
koko maailman ylle tippuva valtava verho,
miljoonat sanat nousevat tuntemattomuudesta,
kansan syvät rivit virtaavat loputtomina,
tämä on maailman kierto yön suuruudessa,
mikä on maailman ongelma, milloin tulee rauha,
miljoonat epäkohdat, ovatko vielä joskus epäkohtia?

Amerikkalainen ystävä

Minä rakastan sinun intohimoasi,
joka on niin lempeä ja avara,
ja minä rakastan kuunnella puhettasi
kiehtovista asioista,
kuten kosmologia, ruoka ja elokuvat,
minä juovun sinusta
ja sinun sielusta,
olet minun amerikkalainen ystävä,
voisin kuunnella sinun puhuvan
talon maalaamisesta
ja silti olisin kiinnostunut.

Kun kuuntelen sinun puhuvan
kosmologiasta,
kansantajuisella kielellä,
haluan tilata kaljat
ja keskustella kanssasi seuraavat tunnit
jossain baarissa vaikkapa Laivalla,
täynnä tulisia mausteita,
toinen toistaan tulisempaa,
mutta pian olen unohtanut kaiken
mitä olet sanonut – nettiaika.

Haluaisin vain ottaa jonkun runokirjan,
tutkia sen sivuja,
sisäänhengittää sanojen fonttia,
pieniä, mitättömiä pölyjä
kirjainten reunoilla,
puristaa kirjaa kuin lumihiutaletta,
vahvojen sormieni lomassa,
pieni kirja, taskukirja,
ihan minun oma,
täynnä hellyyttä ja hitautta,
ja haistaisin kirjani ominaistuoksua,
pitäisin sitä aina taskussa,
miniskuuli, seesteisen sateen opaskirja,
olen melkein siellä,
niin lähellä, sivistystä, metsää, pensaita, puiden keuhkoja, sormenjälkiä.

Ehkä olen tyytynyt vain syömään
kuvien ja äänien pizzaravintolassa,

jokin outo, raskas mörkö minua ajaa takaa
haluten minun ymmärtävän sitä,
haluten minun halua,
halua sitä kohtaan,
YouTuben aikakautena,
vaan en jaksa sitä kauaa katsoa,
aitoa, todellista sivistystä,
joka eroaa virtuaalisesta monisoluviidakosta.

III

Oodi kansainvälisyydelle

Kyllä minä rakastin sitä samaa katsetta,
jolla kaihoisasti katselit
maapallon maita Turkista Brasiliaan,
minulla oli se sama intohimo,
rakastin sitä kiehtovaa halua,
sinun sielussasi oli hyvä olla,
tämä on oodi sille intohimolle,
sinun intohimolle, meidän intohimolle.

Rakastit sitä samaa kuohua,
kansoissa, energisissä kaupungeissa,
energisessä kapitalismissa,
hotellien baareissa.

Siellä joisimme sitä kuohua,
kuohuvaa kaljaa Prahan ja Berliinin,
katsoisimme jalkapallon World Cupia,
ja ilta olisi julma, sellaisella kauniilla tavalla,
jolloin miehet ja naiset ovat suuria
ja täynnä kovaa, rikasta arvokkuuden kauneutta.

Rakastan lippuja, rakastan maita,
virtaavia kaupunkeja,
kävelyjä, katuruokaa, rantoja,
jossakin oli aina jokin tapahtuma,
eikä maailman suuruudesta saa enää selvää,
on niin valtavasti tapahtumia,
niin valtavasti innovaatioita ja ihmisiä,
ihminen on kirjasto, kaupunki on kirjasto
ja maailma on valtava kaikkien aikojen show.

Tuhannet loistavat valopisteet
hehkuvat ja vilkkuvat
kaupunkien stadioneilla,
ruoat, juomat ja raha kiertävät,
wikipediat kukoistavat,
ja kansojen solidaarisuus on niin suuri asia
että se tuo tipan silmiin.

Joku tykkää Pariisista,
joku Suomen musiikista,
minä yritin mainostaa sitä netin kirjeenvaihdossa,
ihailen Ruotsia, ruotsalaisuutta,
koko ruotsalaisuuden syvintä olemusta,
minä poltin sikaria Hampurissa,
hotellin tupakkahuoneessa
ja vieras mies sytytti minun sikarini,
jalkapallo on julma ja suuri laji,
julma bisnes, jossa on panoksena paljon rahaa.

Kommunikoida voi pienillä sanoilla,
tunnen olevani joillekin suuri kokki, toveri, comrade
tai kadonnut pikkuveli,
tunnen tunnelmat herkästi,
kummisetäni postikortit muistan,
sen ison elämän ison maailman ja ison tunnelman.

Kyllä minä rakastin sitä samaa katsetta,
jolla kaihoisasti katselit
maapallon maita....

Tuutulaulu

Rauhoittaa minut uneen,
suloinen runous, ihana viihde,
tai sitten vain vanha mainos, elokuva,
jonka hahmot edustavat luotettavuutta,
äärimmäiseen turvaan viety kaunis tunne,
jonka jumalaiseen muotoon,
sen uneen, uppoavat väsähtäneet silmänurkat,
tai klassinen, nostalginen televisiosarja,
jonka juonikuvioilla ei ole niin väliä,
kunhan se tulee televisiosta,
pimeässä huoneessa,
että se on siinä taustalla, ettei tarvitse aina ajatella,
vaan vain unelmoida, tuntea taivaallista turvaa,
ja paeta vuosikymmeniä vanhaan maailmaan,
tämä on sieluni intohimo, mahtava.

Vanha tupakkamainos, amerikkalainen,
haluan juoda paljon kahvia
ja polttaa paljon tupakkaa,
niin että sitä joudutaan koko ajan valmistamaan,
lisää kuin cokista tai mangomehua,
maailman toiselta puolelta,
tykkään kerätä kaiken,
harvinaisen ja eksoottisen,
missä muut näkevät vain reliikin, edellisen,
sieluni on liberalistinen.

Olen asunut tässä asunnossa pian seitsemän vuotta,
joka ilta televisio on soinut taustalla,
joskus luen taskulampulla
englantilaisia ja espanjalaisia runoja,
puolentoista kuukauden kuluttua,
pääsen mökkilomalle
kolmeksi yöksi,
perheeni kanssa,
ja nuotion äärellä on kiva filosofoida,
katsoa pari Star Trek-jaksoa illan yöksi muuttuessa,
mökin yläkerrassa,
kun katto kaartuu päittemme yli,

ulkona yö pukeutuu pimeäksi,
pimeä laskeutuu ruohikolle
odottamaan aamun kellertävää valoa.

Alkemisti

Näin yhteyden itsemurhanaisen ja elävän naisen välillä. Elävä nainen aineellistui, itsemurhanaista ajattelin. He muistuttivat toisiaan.

Uni oli seuraava tilanne, elämä uni.

Ihmiset olivat outoja, täynnä mystistä voimaa. Näin yhteyden kohtalon ja seuraavan tapaamani ihmisen kanssa. Hän oli aina luotu uuteen tilanteeseen. Kuin palikka. Ihan kuin olisin tavannut hänet ennen.

Näin sadetta, joka satoi psykoosissa vanhempieni auton tuulilasiin. Yhdistin sen suruun ja äärimmäisen nostalgiaan.

Näin yhteyden toimintakeskuksen keittiön ja pyykkiritilän välillä. Ne molemmat edustivat samaa arkista voimaa. Tiesin että arjen takana oli jokin mystinen, salaperäinen, yhdistävä ulottuvuus.

Nuoret näin kommuunina. Mutta kun nuori nainen saapui kuolleen nuoren muistotilaisuuteen, ajattelin Seattlea, New Yorkia, akustista kitaristia kadulla jalkakäytävällä sekä alikulkutunnelia, jonka alla istui joku. Mieleeni iskostui myös raskas ovi ja raskaat seinät.

Kerrostaloasunnon parveke, seitsemäs kerros, nuorisojuhlat. Parvekkeen ovi suoraan kohti psykedeelisiä merkityksiä kolme vuotta ennen. Silloin kun kaikki värit alkoivat tulla mieleen.

Nuoret naiset olivat Kesä 2011. Sisällä he puhuivat ja juhlivat paljon. Klubien tarraseiniä katseltuani ymmärsin millaisia rockin marttyyreita he olivat. Heissä oli itsetuhoista herkkyyttä.

IV

Oodi jääkiekolle

Niinkin pienestä voi ponnistaa isoa kohti.

Valkolasi, järven rinteen viereinen
tumma varjo jääkiekkoringin ympärillä.
Ilta, hikiset, haisevat housut, teipin haju,
Jääkiekkokausi, erkalta haiseva.

Onko NHL:ssä tällaista miehuuden löyhkää?
onko NHL:n stadioneilla yhtä maanläheistä möykkää?

Vai pelkkää kiiltoa?

B-junnut harjoittelivat Hakametsässä
jotain 25 vuotta sitten,
sitten he juoksivat pitkin käytävää.

Kohti isoja kaukaloita?

On lukemattomia mahdollisuuksia tehdä maali.
jääkiekkokenttä ei kulu,
uusia tapoja pelata tapahtuu,
uusia mahtavia yksilöitä,
kuten Barkov, hiljainen kuningas, näkymätön jättiläinen.

Parasta on olympialaiset,
Ruotsi siirsi kiekkoa kauniisti hävitessään Kanadalle.
Täydelliset tähdet, täydelliset pelipaidat.
Suuria tarinoita, suuria kiekkopersoonia.

Ruotsi ihailee Suomen pelaajia,
Suomi ihailee Ruotsin pelaajia.

Veikkausbisnes kuhisee, samoin kuin jääkiekkobisnes,
spekulaatiota, spekulaatiota,
kenelle laittaa rahansa,
82 peliä änärin runkosarjassa,
pistetilastot ja ennätykset ovat jatkuvasti rikottavissa.

Amerikassa arvostetaan suomalaisia pelaajia.

Pidän niistä huiveista joita katsojat heiluttaa,
rakastan myös kaikkia lippuja,
ja jääkiekkoilijat ovat hienoja hyväntekijöitä.

Ne muistot, ne ovat elämää suurempia,
Jääkiekko on perhe, yhteisö,
yhteisöllisyyttä sanan isoimmassa merkityksessä,
sellaista jossa huolehditaan toisista
ja jossa tapahtuu vain hyviä asioita.

Ja aina on kymmentuhatpäinen yleisö joka stadionilla katsoo.

Taivas, osa 2

Hän eli yksinään, kulki käymättömiä polkuja,
vain amerikkalaiset televisiosarjat ja elokuvat lohtunaan,
intohimon laajuus oli valtava,
Gilligan's Island kirsikka, Pieni talo preerialla mustikka
ja The Sonny & Cher Comedy Hour persikka,
lisänä Dallas ja Dynastia ja muut sadat.

Hän rakasti hedelmien ja marjojen makuja,
jotka tuottivat hänelle ihania tunteita,
aina 1940-luvulta kohti 1990-lukua,
kukaan muu ei tiennyt hänen intohimosta,
kukaan muu ei tiennyt Amerikasta mitä hän tiesi.

Hän tilasi kotiinsa colaa, appelsiineja, mehuja ja jäätelöitä,
missään häntä ei nähty, missään ei otettu valokuvaa,
paitsi kadunnurkassa, kun hän piti aurinkolaseja,
vain yksi kuva, kahden vuosikymmenen aikana,
hän käveli kotiinsa läpi Beverly Hillsin katuja.

Vuosikymmenet kuluivat hänen asunnossaan,
vaan hän oli hiljainen erakko, joka salasi politiikkansa,
ajan massiivinen reuna, kaupunkinsa laidalla,
ehkä republikaani, rikas, erityisasemassa, aivot, katkera.

Voi niitä tunteita, joita hän koki katsomalla sarjoja,
voi sitä intohimoa mitä hän koki katsomalla tupakkamainoksia,
voi kuinka hän kaipasi niitä vanhoja aikoja,
kun hän kaipasi viattomuutta, alkuperäisyyttä ja puhtautta.

Rakkauselämää

sovinisti lapsena,
tilasi colapullon ja äiti hymyili,
osti marketista kumisen hailelun
ja poikabändin levyn
ja oli onnellinen kun sai ostettua jotain.

tule vähän lähelle,
tule vähän lähelle,

niin lapsi ei enää vihaa,
niin lapsi ei enää vihaa,
lapsi ei enää vihaa ketään.

naisvihaaja murrosiässä
kirjoitti äidilleen viestejä,
joissa kertoi olevansa turvassa,
ja kaikki oli hyvin,
ja viestit olivat kivoja.

tule vähän lähelle,
tule vähän lähelle,

niin lapsi ei enää vihaa
niin lapsi ei enää vihaa
lapsi ei enää vihaa ketään.

misogynisti nuorena,
oli alikehittynyt muista,
äidin katsoessa,
syötti sorsia rannalla,
antoi niille leivänmurusia
ja oli tyytyväinen.

Suojelkaamme lasten viattomuutta,
Suojelkaamme lapsen sielua,
Rakastakaamme naisten suuruutta,
Rakastakaamme miesten suuruutta.

Vihreät miehet

Heillä on narsistiset, konemaiset silmät,
Heillä on isoveljen aura,
Teillä on rehellinen, rehti, suora katse
Siksi teidät tunnetaan punaisina miehinä,
Lihansyöjinä, fyysisinä miehinä.

Kaksitoista vuotta sitten näin heidän kaltaisensa.
Hän kuljetti hissiin tavaroita.
Hän oli iloinen, viaton mutta ne silmät.
Punainen nainen näytti toivovan hänen tippuvan hissiin.
Sillä vihreistä miehistä ei tiedä.

Nämä eivät ole mitään tavallisia miehiä
Nämä ovat vihreitä miehiä.

Kukaan ei tiedä mitä ne vihreät tekevät.
Ovat niin älykkäitä ja ovelia.
Saattavat olla moraalisimpia miehiä.
Mutta vaikuttavat pelottavilta.

He eivät ole moottoripyörämiehiä.
Isoutta arvostavia, miehekkäitä.
Rapatessa eivät roisku.
He vaanivat mielisairaalassa hoitajina, lääkäreinä.
Heillä on kasvoissa vihreyttä.

Mutta mistä tämä kaikki alkoi?
Mistä kaikki tämä vihreä alkoi?
Niin suuri, vankka vihreys.
Alkoiko se silmäkulmasta, pienen takin vihreys?

V

Runo Sirjasta

Yhdellä puhelinsoitolla sait minut rakastumaan sinuun,
olin tuntenut sinut koko 2010-luvun,
mutta puhelun jälkeen tajusin etten ollut
huomannut sitä miten paljon rakastunut sinuun olin ollut.

Sinun huulesi olivat totisia ja tomeria,
virallinen ammattisi sairaanhoitaja
ja vapaa-ajan harrastuksesi sirkusteatterissa.

Kuin lapsuudesta olit minun äitihahmo tuudittava,
ja näen nyt ne kauneuden kukkivat puutarhat...

näen nyt ne huoneet,
vaikken enää näe,
en enää näe kasvojasi mielessäni.

näen nyt ne huoneet,
vaikken enää näe,
en enää näe kasvojasi mielessäni.

Sinun kasvoillasi lainehti rakkauteni sinua kohtaan,
vaikket ehkä tiedä mitä tunnen sinua kohtaan,
kuin olisin löytänyt jotain piilossa olevaa surua.

Ehkä hymyilisin sinulle jos näkisin sinut,
ja silmäni avautuisivat hellästi
katsomaan auringonnousuani.

Ja näen nyt ne kauneuden kukkivat puutarhat,
huoneesi ulottuvuuksineen, arjen salaiset huoneet.

näen nyt ne huoneet,
vaikken enää näe,
en enää näe kasvojasi mielessäni.

näen nyt ne huoneet,
vaikken enää näe,
en enää näe kasvojasi mielessäni.

Taivas

Nykyihminen janoaa taivasta.

Mikään ei ole niin lohduttavaa.

Taivaskanava,
siitä tulee mieleen
amerikkalainen tv-sitcom
ja tv-draama
aina 1950-luvulta
2020-lukuun asti.

Kuin helikopteri,
jota kaikki katsovat taivaalla,
sohva taivaskameran
huoneiden ja keskustelujen äärellä,
Johnsonin, Nixonin ja Fordin välillä
koko 1970-luku vaikkapa,
ja helikopterista katsottuna alhaalle,
helikopterin ollessa olohuone.

NHL on taivaallista,
luistelun ja kiekonkäsittelyn taidetta
ja 19 000 katsojaa joka ilta
ympärillä spekulointi
ja askin sisällä rajattomat mahdollisuudet.

Hyvinvointi on taivaallista,
lääkärit ja hoitajat,
jotka ovat ammattilaisia
ja joiden hyvyys on niin nöyrää
että se on käsittämätöntä.

Taivasta on ihan tavallinen arki,
elämän kiertokulku,
järjestöt ja yhteisöt,
paikat, joissa tutkitaan jotain,
tutkimusten rakenteiden perinteet,
jotka jatkuvat sukupolvelta sukupolvelle.

Taivasta on tähtitaivas, kukkien tietosanakirja, lintuteos.

Valokuvien pölyttyminen,
kuuraiset filmit,
menneisyyden haikea kaukaisuus,
loputtomat nuotiohetket,
jotka vanhenevat ja vanhenevat
vuosi vuodelta.

Eri genetiikat,
irlantilaisten ja nigerialaisten ero toisiinsa nähden,
kansallinen ylpeys,
yhdistynyt kansakunta.

Kirjat, leffat, musikki.

Luokkakuvan panoraama.

Minäkin katsoin nuorena alaspäin
kuin helikopterista
ja ylöspäin kuin näkisin jotain.

Kuolleet naiset

Miksi minulle annettiin naiseus, kysyi tyttö
laahaavassa morsiuspuvussaan,
ylioppilaslakki ja penkkarit kuitteinaan,
eikö maailma antanutkaan kaksi matkaa
ja kaksikymmentä vuotta
jaetakseen ajan kahteen siskoon,
jotka matkustivat kuluneilla ratapihoilla?

Miksi minulle annettiin naiseus, kysyi tyttö,
pyöreiden lantioidensa tanssiessa,
matkatakseniko roihuavasta nuotiosta tulipaikkaan,
kertoakseni tyttärentyttärilleni satuja
kotikaupunkini traditionalistisesta kierrosta,
jossa naiseus syntyy aina uudestaan
kuin sama ja eri auringonkukka?

Miksi minulle annettiin naiseus, kysyi tyttö,
esteettisen kielenkäytönkö vuoksi,
tehdä maailmasta mekkoa ja korkkista,
raikastaa huoneita ja tilaisuuksia,
konservoidakseni kaupunkini,
jota nykyään kuolleet naiset pystyssä piti?

Se taisi olla elämä ja kuolema itsekin,
synnytyssalin pyhä valkoinen kirkkaus,
matkatakseni piilopaikkoihin,
joissa opin lapsuuden salaisuudet
huomatakseni kaupunkini
kääntyvän kallelleen,
ihmiset kulkivat mahtipontisiin bileisiin,
joissa naiseus oli elämän huumeet ja alkoholi.

Rovio

Kaksikymmentä vuotta myöhemmin,
Näen rovion ja erämiehen,
Tumman, partaisen ja ison,
Hän on yksi miljoonista,
Joilla on ääni.

Näen luolan, savusaunan, tulen,
johon miehet pakenevat,
he saavat keskustella kaikesta,
kantavat huolta suuresta sumusta,
joka erottaa meidät
ja yhdistää katsomaan,
ruudun tuolla puolella,
näkymättömiä tarinoita,
unia, lyhyet hetket,
ja maapallon mystiikka.

Näen tullin, poliisit illassa,
näen kalastusohjelmia,
näen kuinka tilaan grilliruokaa,
ja se maistuu aasialaiselta,
ja olen yössä hiljaa,
muistan kuinka odotin yötä,
ja seisoin Malmin illassa,
pimeässä ennen ja jälkeen matkan,
kymmenen vuotta sitten.

Tuijotin televisiota, niin monet kerrat,
jotkut tilasivat kebabia
kaksi kertaa saman illan aikana,
näin helikoptereita
ja lentokoneita Helsingin usvassa,
tärkeintä oli että huoneeni oli musta
ja maaduin ihanaan pimeään iltaan,
jolloin katsoin yöllistä draamaa
takseineen, katuineen,
ja dokumenttia salaliittoteorioista.

Meistä oli tullut riippuvaisia,
graniitti tuuditti meidät iltaan,
intiaanit filosofoivat teltoissa,

ennen suurta ulkomaan matkaa,
halusin että minut noudetaan autolla,
keskellä lähiön pimenevää parkkipaikkaa
kohti lentoasemaa ja Helsingin Finnairia.

Ajatella, WTC-iskuista on 20 vuotta
ja ajattelen vuosisataa ja vuosituhatta.
Tahdon sen kestävän.
Olkoon se iso, kaunis putki kohti ilon ja intohimon verkostoja.